Jorinde und Joringel

Ein Märchen der Brüder Grimm mit Bildern von

Bernadette

Ein Nord-Süd Taschenbuch

Taschenbuch-Ausgabe 1976

Herstellung: Druckerei Walter Olten, Schweiz
5. Auflage 1981
ISBN 3 85825 076 7

Für Arabella und Johnny

Es war einmal ein altes Schloß
mitten in einem großen, dichten Wald.
Ganz allein wohnte darin eine alte Frau; sie war eine Zauberin.
Am Tage verwandelte sie sich in eine Katze
oder in eine Nachteule,
am Abend aber wurde sie wieder ein Mensch.
Sie lockte das Wild mit Zaubersprüchen herbei,
um es zu braten und zu essen.
Wenn jemand auf hundert Schritte dem Schloß nahe kam,
mußte er stillestehen
und konnte sich nicht von der Stelle rühren,
bis sie ihn lossprach.
Kam aber ein junges Mädchen in diesen Kreis,
so verwandelte sie es in einen Vogel,
sperrte ihn in einen Käfig
und trug den Käfig in einen Saal des düsteren Schlosses.
Sie hatte wohl siebentausend Käfige
mit solchen Vögeln im Schloß.

Nun lebte einmal ein Mädchen, das hieß Jorinde: Es war schöner als alle anderen Mädchen. Jorinde hatte einen Freund, der hieß Joringel. Die beiden liebten sich sehr und wollten bald heiraten.

Eines Tages gingen sie zusammen in den Wald um alleine zu sein,
und Joringel warnte:
«Wir müssen acht geben, daß wir nicht zu nahe ans Schloß kommen!»

Es war ein schöner Abend, die Sonne schien
zwischen den Stämmen der Bäume hell ins dunkle Grün des Waldes,
und die Turteltauben gurrten auf den alten Buchen.
Jorinde und Joringel setzten sich in den Sonnenschein;
aber beide waren traurig.
Sie wußten nicht warum; sie hatten das Gefühl,
als ob sie bald für immer getrennt würden.
Sie waren einen weiten Weg gegangen,
und als sie sich nach dem Heimweg umsahen,
fanden sie ihn nicht mehr.
Noch stand die Sonne halb über dem Berg, und halb war sie unter.
Nach dem Weg suchend schaute Joringel durchs Gebüsch,
und da sah er plötzlich ganz nah die Mauern des Schlosses!
Er erschrak und wurde blaß.
Ohne es zu wissen, hatten sie sich ganz nahe beim Schloß
niedergesetzt! Jorinde sang wehmütig:

«Mein Vöglein mit dem Ringlein rot
Singt Leide, Leide, Leide:
Es singt dem Täublein seinen Tod,
Singt Leide, Lei—»
Plötzlich hörte sie auf zu singen.

Jorinde war in eine Nachtigall verwandelt und rief traurig:
«zicküht, zicküht, zicküht!»
Eine Nachteule mit glühenden Augen flog dreimal um sie herum
und schrie dreimal: «Schu, hu, hu, hu!»
Und ehe Joringel die Nachtigall fassen und fortrennen konnte,
war er verzaubert.
Er konnte sich nicht bewegen: er stand wie ein Stein,
konnte nicht weinen, nicht reden,
weder Hand noch Fuß regen. Da packte die Eule die Nachtigall
und verschwand mit ihr im Gebüsch.

Nun war die Sonne untergegangen.
Aus dem Gebüsch kam die Zauberin hervor. Sie war grün im Gesicht, hatte böse Augen und eine lange, krumme Nase, die ihr bis an das spitze Kinn reichte. Sie murmelte vor sich hin und verschwand mit der Nachtigall im Schloß.

Wehrlos hatte Joringel zusehen müssen, wie die Nachtigall fortgetragen wurde. Endlich kam die Zauberin wieder und sagte mit dumpfer Stimme:
«Grüß dich, Zachiel, wenn's Möndel ins Körbel scheint,
bind los, Zachiel, zu guter Stund.»
Da wurde Joringel frei. Er fiel vor dem Weib auf die Knie und bat, sie möchte ihm seine Jorinde wiedergeben.
Aber die Zauberin lachte böse und sagte,
er solle sie nie wiederhaben.
Dann ging sie fort und verschwand im Wald.
Joringel rief, weinte und klagte; aber alles umsonst.
Da warf er sich traurig ins Gras und seufzte:
«Was soll aus mir werden ohne Jorinde?»

Früh am Morgen erhob sich Joringel und ging fort.
Er kam in ein fremdes Dorf:
Da hütete er die Schafe lange Zeit.
Oft kehrte er zurück in den Wald,
ging rund um das Schloß herum, aber nicht zu nahe heran.
Er sehnte sich nach Jorinde,
doch hörte er nicht einmal ihr «Zicküht, zicküht, zicküht!».

Einmal träumte er nachts, er habe eine seltsame rote Blume
gefunden, in deren Mitte eine große Perle lag.
Er träumte, er breche die Blume und ginge mit ihr zum Schloß:
Und alles, was er mit dieser Blume berühre,
würde vom Zauber frei,
und er hätte mit der roten Blume seine Jorinde erlöst.

Am Morgen, als er erwachte,
machte er sich auf den Weg, die Blume zu suchen.
Er streifte durch Berg und Tal, suchte und suchte.
Am neunten Tag fand er die seltsame rote Blume.
In ihrer Mitte glänzte ein Tautropfen,
so groß wie die schönste Perle.
Er nahm die Blume und lief Tag und Nacht,
bis er wieder zum Schloß kam.

Als er dem Schloß hundert Schritte nah war,
hielt kein Zauber ihn fest, er konnte weitergehen bis an das Tor.
Er berührte das Tor mit der Blume; es sprang auf.
Joringel freute sich!
Er trat ein, ging durch den Hof und lauschte.
Endlich hörte er ein feines Zwitschern.
Er ging dem Klang nach, fand den Saal und trat ein
mit der Blume in der erhobenen Hand.

Die Zauberin fütterte gerade die Vögel
in den siebentausend Käfigen. Als sie Joringel sah,
wurde sie zornig und schrie und tobte.
Sie wollte nach ihm greifen, konnte aber nicht an ihn herankommen,
denn die Blume beschützte ihn.

Joringel kümmerte sich nicht um die Zauberin.
Er schaute nur nach den Käfigen mit den Vögeln: Aber ach!
Es gab viele hundert Nachtigallen!
Wie sollte er da seine Jorinde finden?
Als er überlegte, was er tun könnte, sah er die Zauberin
heimlich einen der Käfige wegnehmen und zur Tür schleichen.
Schnell sprang er ihr nach.

Joringel berührte mit der Blume die Zauberin:
Sofort stand sie wie angewurzelt und konnte nicht mehr zaubern.

Nun berührte Joringel sachte mit der Blume den Käfig:
Das Türchen sprang auf, die Nachtigall flog heraus,
und vor ihm stand seine Jorinde!
Sie fiel Joringel glücklich in die Arme
und war so schön wie ehedem.

Da berührte Joringel mit seiner Blume auch alle die anderen Käfige
und befreite die verzauberten Mädchen.

Glücklich nahm Joringel seine Jorinde bei der Hand und führte sie nach Hause ...

... und sie lebten lange und vergnügt zusammen.